다정함의 조각들

やさしさのかけら

일러두기

- 일본어의 감성과 의미를 전달하기 위해 필요에 따라 의역하여 소개하였습니다.
- 일상 생활에서 잘 사용되지 않는 비상용한자는 가급적 히라가나, 가타카나로만 표기하였습니다.
- 한국어 발음은 최대한 일본어 소리에 가깝게 표기하고 이해를 돕기 위해 단어별로 끊어 나타냈습니다.

Takuya

다정함의 조각들

やさしさのかけら

후루룩외국어

살며시 적어 둔 이 문장의 조각들이
당신을 다정하게 감싸 주기를.

전현무

방송인

요즘 일본에 대한 관심은 높지만, 정작 일본 문화를 제대로 느끼고 이해하는 사람은 생각보다 많지 않은 것 같습니다. '다정함의 조각들' 속 타쿠야의 따뜻함이 묻어나는 문장 하나하나를 필사하고 음미하다 보면, 일본 감성과 함께 진정한 일본을 만나 볼 수 있습니다.

타일러 라쉬

✶

방송인

오랜 시간 한국어를 배우고, 방송 활동을 통해 한국 사람과 마음을 나눠 온 타쿠야는, 이번엔 자신의 모국어인 '일본어'로 일상에서 느끼는 다양한 감정을 담아 전달합니다. 작은 행복이 스치고 지나가는 순간부터, 말로 설명하기 어려운 하루의 온기까지, 타쿠야의 문장은 독자의 마음 한편에 은은하게 머물며 위로가 됩니다.

외국어를 배운다는 건 그 나라의 '마음'을 배우는 일이라고 했죠. 이 책은 우리가 살아가면서 마주하게 되는 다양한 감정을 일본어로 표현하고 기록하도록 손끝에서 가르쳐 줍니다. 일본어에 진심인 분은 물론, 하루에 작은 쉼을 원하는 분께도 추천해 드립니다.

홍상훈

✦

JTBC CP
(〈톡파원 25시〉, 〈비정상회담〉 등)

테라다 타쿠야라는 친구를 알게 된 지도 어느덧 11년이란 시간이 지났습니다. 〈비정상회담〉과 〈톡파원 25시〉라는 프로그램을 함께하며, 이제는 한국어를 쓰는 게 더 익숙한 타쿠야이지만 그가 일본어 필사집을 내었다는 사실이 재미있으면서도 이 책을 보실 여러분의 반응이 몹시 궁금합니다.

이 책을 통해 많은 분들이 그의 외모만큼이나 달콤한 타쿠야의 목소리를 들으며 문장을 필사하고, 따뜻한 온기를 얻어 가셨으면 좋겠습니다.

황준석

✦

디퍼런트컴퍼니 대표

타쿠야의 문장에는 그가 지나온 일상의 결에서 비롯된 따뜻하면서도 절제된 온도가 배어 있습니다. 짧은 글귀 한 줄에도 저자의 진솔한 마음결이 은은히 스며 있고, 한국과 일본을 오가며 쌓아온 시간의 흔적들이 차분히 녹아 있습니다.

이 책은 화려한 표현을 앞세우기보다, 한 사람의 일상이 어떻게 깊은 사유로 이어질 수 있는지를 조용하면서도 단단하게 일깨워 줍니다. 읽는 이에게 어떤 감정도 강요하지 않으면서, 자기만의 속도로 멈추고 바라볼 수 있는 넉넉한 여백을 건넵니다.

바쁘게 흐르는 하루 속에서 잠시 마음의 속도를 늦추고 자신의 결을 다시 들여다보고자 할 때, 이 책의 문장들은 작지만 분명한 빛처럼 조용히 곁을 지켜줄 것입니다.

프롤로그
타쿠야의 말

안녕하세요, 타쿠야입니다.

일본을 떠나 한국에서 방송 일을 하며 지내다 보니 어느덧 14년이라는 시간이 흘렀습니다. 아이돌 데뷔부터 예능, 연기, 모델 활동까지 여러 무대에서 '타쿠야'라는 이름으로 살아오면서 언젠가 책을 내 보고 싶다는 작은 바람을 마음속 깊이 품고 있었습니다. 구체적인 형태를 상상한 적은 없었지만, 제가 추구해 온 '소소하지만 확실한 행복'을 담아낼 수 있는 무언가를 남기고 싶다는 생각은 늘 마음 한편에 있었습니다.

간직하기만 했던 말들이 이제는 이렇게 한 권의 책으로 여러분 앞에 놓여 있다는 사실이 설레면서도 조심스러운 기분을 불러옵니다. 저는 평소 순간을 기록해 두는 습관이 있습니다. 오래 간직하고 싶었던 어떤 풍경, 뜻밖에 마음을 따뜻하게 만든 한 문장, 흘러가 버리면 다시 돌아오지 않을 것 같은 감정들. 그 조각들을 잊지 않기 위해 틈날 때마다 메모장에 짧은 문장을 남기곤 했습니다. 그렇게 쌓인 문장들이 어느 날 문득 저에게 말을 걸어왔습니다.

「この感情を誰かと分け合えるんじゃないか。」

"이 감정들을 누군가와 나눠 볼 수 있지 않을까?"

이 필사집은 그런 마음에서 시작되었습니다. 누구에게나 찾아오는 설렘과 아쉬움, 그리고 그리움과 따뜻함은 우리가 지나온 시간 속에서 자연스럽게 태어난 감정들입니다. 그러나 이 감정들을 제 언어로 담아내는 과정은 생각보다 쉽지 않았습니다. 쓰고, 지우고, 다시 쓰는 시간을 반복하며 마치 언어를 처음부터 다시 배우는 사람처럼 한국어 그리고 제 모국어인 일본어와 깊게 마주해야 했습니다.

바쁜 하루의 틈 속에서도 우리는 마음이 잠시 쉬어갈 작은 공간을 필요로 합니다. 이 책이 독자 여러분께 그런 시간과 공간이 되었으면 합니다. 문장을 따라 쓰다가 오랫동안 잊고 지냈던 감정이 문득 떠오를 수도 있고, 말로 설명하기 어려운 따뜻함이 손끝에서 천천히 피어오를 수도 있습니다. 그 작은 순간들이 여러분의 하루에 잔잔한 숨결과 온기를 더해줄 수 있다면 이 책을 만든 이유는 충분합니다.

이 책을 통해 제가 오랜 시간 품어온 감정과 생각을 나누고 싶습니다. 조용히 놓아 둔 문장들이 여러분의 마음에도 부드럽게 닿기를 바랍니다.

— 테라다 타쿠야

마음이 잠시 쉬어 갈 작은
공간을 펼쳐요.

이곳에서 당신이 온전히
쉴 수 있기를.

차례

1장

日常の小さな幸せ

일상 속 작은 행복

타 쿠 야
목소리로
듣 기

コーヒーの香(かお)りで、
心(こころ)がふわっとほどける。

코-히-노 카오리데
코코로가 후왓또 호도케루

✦

커피 향기에
마음이 살짝 풀린다.

타쿠야의 한 마디

아침에 커피 향이 코끝에 닿으면,
한결 편안해진 마음으로 하루가 시작돼요.
여러분은 어떻게 하루를 시작하시나요?

한 조각 따라 쓰기

» コーヒーの香りで、心がふわっとほどける。

» コーヒーの香りで、心がふわっとほどける。

» コーヒーの香りで、心がふわっとほどける。

우리말과 함께 필사하기

✦ 香り(かおり): 향기　✦ ふわっと: 살짝, 폭신하게, (기분 · 분위기가) 부드럽게

타쿠야
목소리로
듣기

自然の中にいると、心が安らぐ。

시젠노 나까니 이루또
코코로가 야스라구

✦

자연 속에 있으면
마음이 평온해진다.

타쿠야의 한 마디

나무와 바람이 들려주는 '자연'이라는 소리.
그 소리를 듣고 있으면
마음이 잔잔한 호수처럼 고요해져요.

한 조각 따라 쓰기

» 自然の中にいると、心が安らぐ。

» 自然の中にいると、心が安らぐ。

» 自然の中にいると、心が安らぐ。

우리말과 함께 필사하기

✦ 自然(しぜん): 자연 ✦ 安(やす)らぐ 편안해지다, 마음이 놓이다

타 쿠 야
목소리로
듣 기

初詣(はつもうで)に行(い)っておみくじを引(ひ)いたら、
大吉(だいきち)が出(で)た。

하츠모-데니 잇떼 오미쿠지오 히-따라
다이키치가 데따

✦

하츠모데에 가서 오미쿠지를 뽑으니
대길이 나왔다.

타쿠야의 한 마디

새해에 하츠모데를 가서
오미쿠지를 뽑았더니 '대길'이 나왔어요.
왠지 좋은 일이 생길 것 같은 기분이 들어요.

한 조각 따라 쓰기

» 初詣に行っておみくじを引いたら、
大吉が出た。

» 初詣に行っておみくじを引いたら、
大吉が出た。

우리말과 함께 필사하기

✦ 初詣(はつもうで): 하츠모데(신년 첫 참배) ✦ おみくじ: 오미쿠지(운세 뽑기) ✦ 大吉(だいきち): 아주 좋은 운세

타쿠야 목소리로 듣기

心温まる映画を見て、
思わず涙が出た。

코코로아따따마루 에-가오 미떼
오모와즈 나미다가 데따

마음 따뜻해지는 영화를 보고
나도 모르게 눈물이 났다.

타쿠야의 한 마디

따뜻한 영화는 일상 속 잠들어 있던 감정들을 깨워
조용히 눈물로 씻겨 내려가게 해 줘요.
그런 순간과 마주하는 것이 좋아요.

한 조각 따라 쓰기

» 心温まる映画を見て、思わず涙が出た。

» 心温まる映画を見て、思わず涙が出た。

» 心温まる映画を見て、思わず涙が出た。

우리말과 함께 필사하기

✦ 心温(こころあたた)まる: 마음이 따뜻해지다 ✦ 映画(えいが): 영화 ✦ 涙(なみだ): 눈물, 울음

타 쿠 야
목소리로
듣 기

満開(まんかい)の桜(さくら)に、
心(こころ)が癒(いや)された。

망카이노 사쿠라니
코코로가 이야사레따

✦

만개한 벚꽃에
마음이 치유되었다.

타쿠야의 한 마디

봄날, 만개한 벚꽃 아래서
닫혀 있던 마음이 살짝,
그리고 따뜻하게 피어났어요.

한 조각 따라 쓰기

» 満開の桜に、心が癒された。

» 満開の桜に、心が癒された。

» 満開の桜に、心が癒された。

우리말과 함께 필사하기

✦ 満開(まんかい)の桜(さくら): 만개한 벚꽃 ✦ 癒(いや)される: 치유되다, 위로받다

타쿠야
목소리로
듣기

森林公園で、
四つ葉のクローバーを見つけた。

신린코-엔데
요츠바노 쿠로-바-오 미츠케따

✦

신린공원에서
네잎클로버를 발견했다.

타쿠야의 한 마디

우연히 산책길에서 네잎클로버를 찾았어요!
손안에 들어온 작은 행운에
괜히 마음이 두근거려요.

한 조각 따라 쓰기

» 森林公園で、四つ葉のクローバーを
見つけた。

» 森林公園で、四つ葉のクローバーを
見つけた。

우리말과 함께 필사하기

✦ 公園(こうえん): 공원 ✦ 四(よ)つ葉(ば)のクローバー: 네잎클로버 ✦ 見(み)つける 찾다, 발견하다

타 쿠 야
목소리로
듣 기

老(ろう)夫(ふう)婦(ふ)が手(て)をつないで歩(ある)く姿(すがた)は、
とても微笑(ほほえ)ましい。

로-후-후가 테오 츠나이데 아루쿠 스가타와
토테모 호호에마시-

✦

노부부가 손을 잡고 걷는 모습에
절로 미소가 지어진다.

타쿠야의 한 마디

손을 꼭 잡고 나란히 걷는 노부부의 모습에서
오랜 세월을 함께 걸어온
사랑의 온기가 고스란히 전해져요.

한 조각 따라 쓰기

» 老夫婦が手をつないで歩く姿は、
とても微笑ましい。

» 老夫婦が手をつないで歩く姿は、
とても微笑ましい。

우리말과 함께 필사하기

✦ 老夫婦(ろうふうふ): 노부부 ✦ 手(て)をつなぐ: 손을 잡다 ✦ 微笑(ほほえ)ましい: 미소 짓게 되다

타 쿠 야
목소리로
듣 기

かわいい猫(ねこ)を見(み)て、
自(し)然(ぜん)と笑(え)みがこぼれた。

카와이– 네꼬오 미떼
시젠또 에미가 코보레따

✦

커여운 고양이를 보고
자연스레 미소가 새어 나왔다.

타쿠야의 한 마디

커여운 고양이를 바라볼 때,
나도 모르게 미소가 번져요.
그 짧은 순간에 마음이 말랑해져요.

한 조각 따라 쓰기

» かわいい猫を見て、自然と笑みがこぼれた。

» かわいい猫を見て、自然と笑みがこぼれた。

» かわいい猫を見て、自然と笑みがこぼれた。

우리말과 함께 필사하기

✦ **かわいい**: 귀엽다　✦ **猫(ねこ)**: 고양이　✦ **笑(え)みがこぼれる**: 미소가 새어 나오다

타쿠야 목소리로 듣기

昔(むかし)の写真(しゃしん)を見(み)ると、
エモい気持(きも)ちになる。

무까시노 샤싱오 미루또
에모이 키모치니 나루

✦

옛 사진을 보면
감정이 묘하게 벅차오른다.

타쿠야의 한 마디

오래된 사진 한 장 속에서
잊고 지냈던 행복한 순간이
살며시 되돌아오는 듯해요.

한 조각 따라 쓰기

» 昔の写真を見ると、エモい気持ちになる。

» 昔の写真を見ると、エモい気持ちになる。

» 昔の写真を見ると、エモい気持ちになる。

우리말과 함께 필사하기

✦ 昔の写真(むかしのしゃしん): 옛 사진　✦ エモい: (속어) 감정이 북받치다, 마음이 울컥하다

타 쿠 야
목소리로
듣 기

仕事終わりの生ビールは、
格別にうまい。

시고또오와리노 나마비–루와
카쿠베쯔니 우마이

✦

퇴근 후에 마시는 생맥주는
유난히 맛있다.

타쿠야의 한 마디

하루의 마무리로 맥주 한 잔 어때요?
오늘 하루를 수고한 나에게 건네는 작은 선물로요!
이런 게 '소소하지만 확실한 행복'이겠죠?

한 조각 따라 쓰기

» 仕事終わりの生ビールは、格別にうまい。

» 仕事終わりの生ビールは、格別にうまい。

» 仕事終わりの生ビールは、格別にうまい。

우리말과 함께 필사하기

✦ 仕事終わり(しごとおわり): 퇴근 후, 일이 끝난 뒤 ✦ 生ビール(なまビール): 생맥주 ✦ 格別に(かくべつに): 유난히, 각별히

타쿠야
목소리로
듣기

夜空(よぞら)に散(ち)りばめられた星(ほし)を見(み)ると、
じんわり幸(しあわ)せを感(かん)じる。

요조라니 치리바메라레따 호시오 미루또
징와리 시아와세오 칸지루

✦

밤하늘에 수 놓아진 별들을 보면
행복이 잔잔히 스며드는 걸 느낀다.

타쿠야의 한 마디

밤하늘 가득한 별빛을 바라보면,
평범했던 오늘 하루도
제법 아름답게 느껴지지 않나요?

한 조각 따라 쓰기

» 夜空に散りばめられた星を見ると、
じんわり幸せを感じる。

» 夜空に散りばめられた星を見ると、
じんわり幸せを感じる。

우리말과 함께 필사하기

✦ 夜空(よぞら): 밤하늘 ✦ じんわり: 서서히, 잔잔하게 ✦ 幸(しあわ)せを感(かん)じる: 행복을 느끼다

타쿠야 목소리로 듣기

セミの声(こえ)とともに、
夏(なつ)の匂(にお)いがした。

세미노 코에또 토모니
나쯔노 니오이가 시따

✦

매미 소리와 함께
여름의 향기가 느껴졌다.

타쿠야의 한 마디

매미 소리가 퍼져 올 때면,
공기 속으로 여름의 향기가 번져요.
소리가 향기로 변해 마음에 머무는 듯해요.

한 조각 따라 쓰기

» セミの声とともに、夏の匂いがした。

» セミの声とともに、夏の匂いがした。

» セミの声とともに、夏の匂いがした。

우리말과 함께 필사하기

✦ **セミ**: 매미 ✦ **声**(こえ): 소리, 목소리 ✦ **匂いがする**(におい): 향기 · 냄새가 나다

타 쿠 야
목소리로
듣 기

雨(あめ)上(あ)がりに、
きれいな虹(にじ)を見(み)た。

아메아가리니
키레–나 니지오 미따

✦

비가 그친 뒤
예쁜 무지개를 봤다.

타쿠야의 한 마디

비가 그친 하늘에 무지개가 피었어요.
특별할 것 없던 하루가
마음 한켠에 따뜻하게 남아요.

한 조각 따라 쓰기

» 雨上がりに、きれいな虹を見た。

» 雨上がりに、きれいな虹を見た。

» 雨上がりに、きれいな虹を見た。

우리말과 함께 필사하기

✦ 雨上(あめあ)がり: 비가 그친 뒤 ✦ きれいだ: 예쁘다, 깨끗하다 ✦ 虹(にじ): 무지개

타쿠야 목소리로 듣기

目を閉じて波の音に耳を澄ますと、心が揺れる。

메오 토지떼 나미노 오또니 미미오 스마스또
코코로가 유레루

✦

**눈을 감고 파도 소리에 귀 기울이면
마음이 요동친다.**

타쿠야의 한 마디

눈을 감고 파도 소리에 잠시 귀를 기울여 보세요.
잠들어 있던 감정이 조용히 고개를 들지 몰라요.

한 조각 따라 쓰기

» 目を閉じて波の音に耳を澄ますと、
心が揺れる。

» 目を閉じて波の音に耳を澄ますと、
心が揺れる。

우리말과 함께 필사하기

✦ 目を閉じる(め, と): 눈을 감다 ✦ 耳を澄ます(みみ, す): 귀를 기울이다 ✦ 心が揺れる(こころ, ゆ): 마음이 요동치다

타쿠야
목소리로
듣기

ひと びと　　え がお
人々の笑顔が、
こころ
心をくすぐる。

히또비또노 에가오가
코코로오 쿠스구루

✦

사람들의 웃는 얼굴이
마음을 간질인다.

타쿠야의 한 마디

누군가의 미소 하나에 나도 모르게 웃음이 번져요.
행복이 전염된 순간이 아닐까요?

한 조각 따라 쓰기

» 人々の笑顔が、心をくすぐる。

» 人々の笑顔が、心をくすぐる。

» 人々の笑顔が、心をくすぐる。

우리말과 함께 필사하기

✦ 人々(ひとびと): 사람들 ✦ 笑顔(えがお): 웃는 얼굴, 미소 ✦ 心(こころ)をくすぐる: 마음을 간질이다

타쿠야 목소리로 듣기

赤(あか)く染(そ)まった紅葉(こうよう)を見(み)て、
秋(あき)を感(かん)じる。

아까쿠 소맛따 쿄-요-오 미떼
아키오 칸지루

✦

**붉게 물든 단풍을 보고
가을을 느낀다.**

타쿠야의 한 마디

붉게 물든 단풍나무 앞에 서면,
가을이 말을 거는 듯해요.
그 한 장면만으로도 마음이 따뜻해져요.

한 조각 따라 쓰기

» 赤く染まった紅葉を見て、秋を感じる。

» 赤く染まった紅葉を見て、秋を感じる。

» 赤く染まった紅葉を見て、秋を感じる。

우리말과 함께 필사하기

✦ 染(そ)まる: 물들다 ✦ 紅葉(こうよう): 단풍, 단풍잎 ✦ 秋(あき): 가을

타쿠야 목소리로 듣기

一口の甘いチョコケーキで、
疲れがすっと消える。

히또쿠치노 아마이 쵸코케-키데
츠카레가 슷또 키에루

✦

달콤한 초코케이크 한 입에
피로가 스르르 사라진다.

타쿠야의 한 마디

달콤한 초코케이크 한 입,
그 작은 달콤함에 지친 마음이 살짝 녹아내려요.

한 조각 따라 쓰기

» 一口の甘いチョコケーキで、
疲れがすっと消える。

» 一口の甘いチョコケーキで、
疲れがすっと消える。

우리말과 함께 필사하기

✦ 一口(ひとくち): 한 입, 한 모금 ✦ 甘(あま)い: 달다 ✦ 疲(つか)れが消(き)える: 피로가 사라지다

타 쿠 야
목소리로
듣 기

ふんわり積(つ)もった雪(ゆき)に、残(のこ)す最初(さいしょ)の足跡(あしあと)。

훙와리 츠못따 유키니
노코스 사이쇼노 아시아또

✦

소복이 쌓인 눈 위에
남긴 첫 발자국

타쿠야의 한 마디

소복이 쌓인 눈 위에 남긴 첫 발자국을 바라보면,
'설렘'이라는 단어가 제일 먼저 떠올라요.

한 조각 따라 쓰기

» ふんわり積もった雪に、残す最初の足跡。

» ふんわり積もった雪に、残す最初の足跡。

» ふんわり積もった雪に、残す最初の足跡。

우리말과 함께 필사하기

✦ 積(つ)もる: 쌓이다 ✦ 雪(ゆき): 눈, 눈송이 ✦ 足跡(あしあと): 발자국, 자취

타쿠야 목소리로 듣기

カフェで本を読みながら、
穏やかな時間を過ごした。

카훼데 홍오 요미나가라
오다야까나 지깡오 스고시따

✦

**카페에서 책을 읽으며
평온한 시간을 보냈다.**

타쿠야의 한 마디

좋아하는 카페에서 책을 읽는 시간.
잠깐의 평온한 틈이
일상에 작은 숨을 불어넣어요.

한 조각 따라 쓰기

» カフェで本を読みながら、穏やかな時間を過ごした。

» カフェで本を読みながら、穏やかな時間を過ごした。

우리말과 함께 필사하기

✦ 本(ほん)を読(よ)む: 책을 읽다 ✦ 穏(おだ)やかだ: 평온하다, 온화하다 ✦ 時間(じかん)を過(す)ごす: 시간을 보내다

타쿠야 목소리로 듣기

たった一言(ひとこと)の「ありがとう」が、
今日(きょう)一日(いちにち)を明(あか)るくした。

탓따 히또코또노 아리가또–가
쿄– 이찌니찌오 아까루쿠시따

✦

단 한마디 "고마워"가
오늘 하루를 밝게 만들었다.

타쿠야의 한 마디

스치듯 들려온 "고마워"라는 한 마디.
당신의 짧은 말 한 줄에
오늘이 한결 따스해졌어요.

한 조각 따라 쓰기

» たった一言の「ありがとう」が、今日一日を明るくした。

» たった一言の「ありがとう」が、今日一日を明るくした。

우리말과 함께 필사하기

✦ たった一言(ひとこと): 단 한 마디 ✦ 今日一日(きょういちにち): 오늘 하루 ✦ 明(あか)るくする: 밝게 하다, 밝게 만들다

마음을 가다듬는 시간

心を整える時間

타쿠야의 문장을
모두 필사했다면 질문에 답하며
생각을 정리하고,
감정에 집중하는 시간을
가져 보세요.

✦

1장에 담긴 타쿠야의 문장 가운데 가장 마음에 남는 것은 무엇인가요?
손으로 문장을 기록해 보세요.

✦✦

최근에 소소한 행복을 느낀 적이 있었나요?
그 순간을 간단하게 얘기해 주세요. 어떤 것도 좋아요.

2장

気分が晴れる瞬間

기분이 맑아지는 순간

타쿠야
목소리로
듣기

深呼吸をひとつしただけで、
心が少し軽くなった。

싱코큐-오 히토츠 시따다께데
코코로가 스꼬시 카루쿠낫따

✦

숨을 한 번 크게 쉬었을 뿐인데
마음이 조금 가벼워졌다.

타쿠야의 한 마디

마음이 복잡할 땐, 잠시 멈춰서 숨을 깊게 쉬어 보세요.
내쉬는 숨에 불편한 마음을 보내고,
들이마시는 숨에는 편안함을 가득 채워 보는 거예요.

한 조각 따라 쓰기

» 深呼吸をひとつしただけで、
心が少し軽くなった。

» 深呼吸をひとつしただけで、
心が少し軽くなった。

우리말과 함께 필사하기

✦ 深呼吸(しんこきゅう): 심호흡, 깊게 숨 쉬기 ✦ 少(すこ)し: 조금, 살짝 ✦ 軽(かる)くなる: 가벼워지다

타쿠야 목소리로 듣기

大好きな音楽を聴いて、
胸が踊る。

다이스끼나 옹가쿠오 키–떼
무네가 오도루

✦

좋아하는 음악을 들으니
마음이 살짝 들뜨고 설레요.

타쿠야의 한 마디

좋아하는 음악이 흐르면,
가만히 있어도 마음이 들썩여요.
나만의 플레이리스트로 하루를 상쾌하게 시작해 보세요!

한 조각 따라 쓰기

» 大好きな音楽を聴いて、胸が踊る。

» 大好きな音楽を聴いて、胸が踊る。

» 大好きな音楽を聴いて、胸が踊る。

우리말과 함께 필사하기

✦ 大好(だいす)きだ: 가장 좋아하다 ✦ 音楽(おんがく)を聴(き)く: 음악을 듣다 ✦ 胸(むね)が踊(おど)る: 마음이 들뜨다

타 쿠 야
목소리로
듣 기

掃除(そうじ)した後(あと)に見(み)たきれいな部屋(へや)に、
心(こころ)がすっきりした。

소-지시따 아또니 미따 키레-나 헤야니
코코로가 슥끼리시따

✦

청소를 끝내고 깨끗한 방을 바라보니
마음이 상쾌해졌다.

타쿠야의 한 마디

마음의 먼지를 빠르게 털어내는 방법?
탁한 공기와 우울한 기분을 한 방에 날리는 방법?
정답은 바로 "내.방.청.소!"

한 조각 따라 쓰기

» 掃除した後に見たきれいな部屋に、
心がすっきりした。

» 掃除した後に見たきれいな部屋に、
心がすっきりした。

우리말과 함께 필사하기

✦ 掃除(そうじ)する: 청소하다 ✦ すっきりする: (신체 · 기분이) 상쾌하다, 개운하다

타쿠야 목소리로 듣기

窓から入る気持ちいい風に、
疲れが吹き飛んだ。

마도까라 하이루 키모치이– 카제니
츠카레가 후키톤다

창문으로 들어오는 기분 좋은 바람에
피로가 날아갔다.

타쿠야의 한 마디

가끔 열린 창문으로 들어오는 바람들이
나를 토닥이며 감싸안아 줄 때가 있어요.
바람의 다정함에 위로받은 하루예요.

한 조각 따라 쓰기

» 窓から入る気持ちいい風に、
疲れが吹き飛んだ。

» 窓から入る気持ちいい風に、
疲れが吹き飛んだ。

우리말과 함께 필사하기

✦ 入る(はい): 들어가다, 들어오다 ✦ 気持ちいい(きも): 기분 좋다, 상쾌하다 ✦ 吹き飛ぶ(ふ・と): 날아가다

타 쿠 야
목소리로
듣 기

晴(は)れた日(ひ)に歩(ある)くと、
心(こころ)まで晴(は)れる。

하레따 히니 아루쿠또
코코로마데 하레루

✦

맑은 날에 걸으면
마음까지 맑아진다.

타쿠야의 한 마디

맑은 날에 걷다 보면
마음속 구름이 사라지고,
햇살이 내 안을 천천히 비춰 주는 기분이에요.

한 조각 따라 쓰기

» 晴れた日に歩くと、心まで晴れる。

» 晴れた日に歩くと、心まで晴れる。

» 晴れた日に歩くと、心まで晴れる。

우리말과 함께 필사하기

✦ **晴(は)れた日(ひ)**: 맑은 날　✦ **歩(ある)く**: 걷다　✦ **晴(は)れる**: (날씨 · 기분이) 맑아지다

타쿠야 목소리로 듣기

木々(きぎ)を渡(わた)る風(かぜ)が、
心(こころ)のほこりを落(お)とした。

키기오 와타루 카제가
코코로노 호코리오 오토시따

✦

나무를 스치던 바람이
마음에 쌓인 먼지를 털어냈다.

타쿠야의 한 마디

나무 사이로 부는 바람이 마음의 먼지를 털어내요.
복잡하게 얽힌 생각들이 흩어지며,
마음이 한결 가벼워졌어요.

한 조각 따라 쓰기

» 木々を渡る風が、心のほこりを落とした。

» 木々を渡る風が、心のほこりを落とした。

» 木々を渡る風が、心のほこりを落とした。

우리말과 함께 필사하기

✦ **渡る**(わた): 건너다, 스쳐 지나가다 ✦ **風**(かぜ): 바람 ✦ **ほこりを落とす**(お): 먼지를 털어내다

타 쿠 야
목소리로
듣 기

風を感じながら走ると、
清々しい気持ちになる。

카제오 칸지나가라 하시루또
스가스가시– 키모치니 나루

✦

바람을 느끼며 달리면
상쾌한 기분이 든다.

타쿠야의 한 마디

시원한 바람을 느끼며 달리다 보면
울적함이 사라지고 기분이 상쾌해져요.
우리, 같이 달려 볼래요?

한 조각 따라 쓰기

» 風を感じながら走ると、
清々しい気持ちになる。

» 風を感じながら走ると、
清々しい気持ちになる。

우리말과 함께 필사하기

✦ 走る(はし): 달리다　✦ 清々しい(すがすが): (날씨 · 마음이) 맑고 상쾌하다

타 쿠 야
목소리로
듣 기

見慣れた景色に、
ふと新しい発見をした瞬間の嬉しさ。

미나레따 케시키니
후또 아따라시– 학켄오 시따 슝깐노 우레시사

✦

익숙한 풍경 속에서
문득 새로운 것을 발견했을 때의 기쁨.

타쿠야의 한 마디

익숙한 길 위에서도
새로운 설렘은 늘 숨어 있어요.
걷다 우연히 마주친 작고 예쁜 카페처럼요.

한 조각 따라 쓰기

» 見慣れた景色に、ふと新しい発見をした瞬間の嬉しさ。

» 見慣れた景色に、ふと新しい発見をした瞬間の嬉しさ。

우리말과 함께 필사하기

✦ 見慣れる(みなれる): 익숙해지다, 눈에 익다 ✦ 発見(はっけん): 발견 ✦ 嬉しさ(うれしさ): 기쁨

타쿠야 목소리로 듣기

空を羽ばたく鳥たちに、
自由を感じた。

소라오 하바타쿠 토리타찌니
지유−오 칸지따

✦

하늘을 나는 새들에게서
자유를 느꼈다.

타쿠야의 한 마디

푸른 하늘을 나는 새들을 보며
잠시 그들처럼 날아 보고 싶었어요.
자유롭게 날 수 있다는 건, 어떤 기분일까요?

한 조각 따라 쓰기

» 空を羽ばたく鳥たちに、自由を感じた。

» 空を羽ばたく鳥たちに、自由を感じた。

» 空を羽ばたく鳥たちに、自由を感じた。

우리말과 함께 필사하기

✦ 空を羽ばたく: 하늘을 힘차게 날아오르다 ✦ 鳥: 새 ✦ 自由を感じる: 자유를 느끼다

타 쿠 야
목소리로
듣 기

ジェットコースターに乗(の)る瞬間(しゅんかん)、
体(からだ)も心(こころ)もスカッとする。

젯또코-스타-니 노루 슝깡
카라다모 코코로모 스캇또스루

✦

롤러코스터를 타는 순간
몸도 마음도 시원해진다.

타쿠야의 한 마디

롤러코스터가 전속력으로 하늘에 닿는 순간,
몸도 마음도 세상 모든 소리와 함께 멈춰요.
그 찰나에만 느낄 수 있는 완전한 자유로움이에요.

한 조각 따라 쓰기

» ジェットコースターに乗る瞬間、体も心も
スカッとする。

» ジェットコースターに乗る瞬間、体も心も
スカッとする。

우리말과 함께 필사하기

✦ 乗る(の): 타다, 올라타다 ✦ 体(からだ): 몸, 신체 ✦ スカッとする: 기분이 개운해지다

타쿠야 목소리로 듣기

山頂からの絶景に、
目も心も洗われた。

산쵸-까라노 젯케-니
메모 코코로모 아라와레따

✦

산 정상에서 바라본 절경에
눈과 마음이 정화되었다.

타쿠야의 한 마디

탁 트인 산 정상에서 절경을 바라보면,
세상 아래 펼쳐진 풍경이 모든 말을 대신해요.
눈과 마음이 맑아지는 것 같지 않나요?

한 조각 따라 쓰기

» 山頂からの絶景に、目も心も洗われた。

» 山頂からの絶景に、目も心も洗われた。

» 山頂からの絶景に、目も心も洗われた。

우리말과 함께 필사하기

✦ 山頂(さんちょう): 산 정상 ✦ 絶景(ぜっけい): 절경 ✦ 洗(あら)われる: 씻기다, 정화되다

타 쿠 야
목소리로
듣 기

一筋(ひとすじ)の風(かぜ)に、
心(こころ)が澄(す)み渡(わた)った。

히또스지노 카제니
코코로가 스미와탓따

✦

한 줄기 바람에
마음이 맑아졌다.

타쿠야의 한 마디

한 줄기 바람이 훅 스쳐 지나가면
몸과 마음이 함께 정화되는 기분이 들어요.
그건, 바람이 건네는 조용한 위로일지도 몰라요.

한 조각 따라 쓰기

» 一筋の風に、心が澄み渡った。

» 一筋の風に、心が澄み渡った。

» 一筋の風に、心が澄み渡った。

우리말과 함께 필사하기

✦ 一筋の風(ひとすじのかぜ): 한 줄기 바람 ✦ 心が澄み渡る(こころがすみわたる): 마음이 맑게 개이다, 마음이 투명해지다

타쿠야 목소리로 듣기

海の広さを感じた瞬間、
自分の悩みが小さく感じられた。

우미노 히로사오 칸지따 슝캉
지분노 나야미가 치-사꾸 칸지라레따

✦

넓은 바다를 느낀 순간
내 고민이 작게 느껴졌다.

타쿠야의 한 마디

끝없이 펼쳐진 바다를 바라보면
괜스레 마음이 편안해져요.
내 고민이 바닷가 모래알처럼 작게 느껴지거든요.

한 조각 따라 쓰기

» 海の広さを感じた瞬間、自分の悩みが
小さく感じられた。

» 海の広さを感じた瞬間、自分の悩みが
小さく感じられた。

우리말과 함께 필사하기

✦ 海(うみ): 바다 ✦ 広さ(ひろさ): 넓이 ✦ 悩み(なやみ): 고민, 근심

타쿠야 목소리로 듣기

心(こころ)を溶(と)かすような、
漢江(ハンガン)の夜景(やけい)。

코코로오 토카스요-나
항간노 야케-

✦

마음을 녹이는 듯한
한강의 야경.

타쿠야의 한 마디

도심에서 벗어나고 싶지만 그럴 수 없을 때,
저는 한강의 야경을 바라보곤 해요.
고요한 물빛에 마음의 피로가 싹 녹아들어요.

한 조각 따라 쓰기

» 心を溶かすような、漢江の夜景。

» 心を溶かすような、漢江の夜景。

» 心を溶かすような、漢江の夜景。

우리말과 함께 필사하기

✦ 心(こころ)を溶(と)かす: 마음을 녹이다 ✦ 夜景(やけい): 야경

타쿠야 목소리로 듣기

運動後(うんどうご)の爽快感(そうかいかん)と、心(こころ)の晴(は)れやかさ。

운도-고노 소-카이깐또
코코로노 하레야까사

✦

**운동 후의 상쾌함과
마음의 개운함.**

타쿠야의 한 마디

운동을 마치고 숨을 고르는 순간,
몸도 마음도 시원하게 비워지는 기분이에요.
혹시, 농구 좋아하세요?

한 조각 따라 쓰기

» 運動後の爽快感と、心の晴れやかさ。

» 運動後の爽快感と、心の晴れやかさ。

» 運動後の爽快感と、心の晴れやかさ。

우리말과 함께 필사하기

✦ 運動(うんどう): 운동 ✦ 爽快感(そうかいかん): 상쾌함 ✦ 晴(は)れやかさ: 밝음, 개운함

타 쿠 야
목소리로
듣 기

澄(す)み渡(わた)った夜空(よぞら)に浮(う)かぶ満月(まんげつ)に、
心(こころ)がふわっと包(つつ)まれた。

스미와탓따 요조라니 우카부 망게츠니
코코로가 후왓또 츠츠마레따

맑은 밤하늘에 뜬 보름달이
마음을 부드럽게 감싸안아 주었다.

타쿠야의 한 마디

집으로 돌아가는 길에 올려다본 밤하늘.
조용히 세상을 비추던 그 달빛이
지친 마음을 환하게 밝혀주는 느낌이에요.

한 조각 따라 쓰기

» 澄み渡った夜空に浮かぶ満月に、
心がふわっと包まれた。

» 澄み渡った夜空に浮かぶ満月に、
心がふわっと包まれた。

우리말과 함께 필사하기

✦ 浮(う)かぶ: 떠오르다 ✦ 包(つつ)まれる: 감싸이다, 둘러싸이다

타쿠야 목소리로 듣기

久しぶりに会った、
家族との何気ない時間。

히사시부리니 앗따
카조쿠또노 나니게나이 지깡

✦

오랜만에 만난
가족과의 소소한 시간.

타쿠야의 한 마디

오랜만에 만난 가족과의 시간.
"한국에서 잘 지내고 있는 거지?"
말로 하지 않아도 눈빛으로 전해지는 다정한 마음.

한 조각 따라 쓰기

» 久しぶりに会った、家族との何気ない時間。

» 久しぶりに会った、家族との何気ない時間。

» 久しぶりに会った、家族との何気ない時間。

우리말과 함께 필사하기

✦ 久(ひさ)しぶりに: 오랜만에 ✦ 会(あ)う: 만나다 ✦ 何気(なにげ)ない: 자연스러운, 소소한

타 쿠 야
목소리로
듣 기

ラベンダーの香(かお)りに、
胸(むね)のもやがすっとほどけた。

라벤다-노 카오리니
무네노 모야가 슷또 호도케따

✦

**라벤더 향기에
가슴 속 답답함이 싹 풀렸다.**

타쿠야의 한 마디

스케줄을 마치고 친구에게 받은 라벤더 향초를 켰어요.
은은한 향이 방 안을 감돌더니, 내 마음에도 번졌어요.

한 조각 따라 쓰기

» ラベンダーの香りに、胸のもやが
すっとほどけた。

» ラベンダーの香りに、胸のもやが
すっとほどけた。

우리말과 함께 필사하기

✦ 胸(むね)のもや: 마음 속 답답함 ✦ ほどける: 풀리다, 해소되다

타 쿠 야
목소리로
듣 기

温かいお風呂に身を沈め、
今日という日を溶かしていく。

아따따카이 오후로니 미오 시즈메
쿄-또이우 히오 토카시떼이꾸

✦

따뜻한 물에 몸을 맡기고
오늘이라는 하루를 녹여낸다.

타쿠야의 한 마디

따뜻한 물속에 몸을 맡기고 눈을 감으면,
오늘의 피로가 조금씩 녹아내려요.
하루를 잘 살아낸, 오롯이 나만을 위한 시간이에요.

한 조각 따라 쓰기

» 温かいお風呂に身を沈め、今日という日を溶かしていく。

» 温かいお風呂に身を沈め、今日という日を溶かしていく。

우리말과 함께 필사하기

✦ お風呂(ふろ): 목욕, 욕조 ✦ 身(み)を沈(しず)める: 몸을 담그다 ✦ 溶(と)かす: (긴장 · 피로를) 녹이다

타 쿠 야
목소리로
듣 기

笑顔を届ける仕事に、
やりがいを感じた。

에가오오 토도케루 시고또니
야리가이오 칸지따

✦

웃음을 전하는 일에
보람을 느꼈다.

타쿠야의 한 마디

누군가의 하루에 미소를 전할 수 있다는 건,
생각보다 큰 행복이에요.
그게 지금의 일을 좋아하는 이유예요.

한 조각 따라 쓰기

» 笑顔を届ける仕事に、やりがいを感じた。

» 笑顔を届ける仕事に、やりがいを感じた。

» 笑顔を届ける仕事に、やりがいを感じた。

우리말과 함께 필사하기

✦ 届(とど)ける: (물리적 · 감정적) 전하다, 보내다　✦ やりがい: 보람, 할 만한 가치

마음을 가다듬는 시간

心を整える時間

타쿠야의 문장을
모두 필사했다면 질문에 답하며
생각을 정리하고,
감정에 집중하는 시간을
가져 보세요.

✦

2장에 담긴 타쿠야의 문장 가운데 가장 마음에 남는 것은 무엇인가요?
손으로 문장을 기록해 보세요.

✦✦

당신의 기분을 맑게 하는 것은 무엇인가요? 사람이나 사물 혹은
어떤 행동도 좋습니다. 자유롭게 적어 보세요.

3장

愛とときめき

사랑과 설렘

타쿠야 목소리로 듣기

月がきれいですね。

츠키가 키레-데스네

달이 참 예쁘네요.

타쿠야의 한 마디

일본어로 "사랑해요"를 대신해
"달이 참 예쁘네요"라고 말할 때가 있어요.
상대를 달에 빗댄 은유적인 사랑의 언어라고 할까요?

한 조각 따라 쓰기

» 月がきれいですね。

» 月がきれいですね。

» 月がきれいですね。

우리말과 함께 필사하기

✦ 月(つき)がきれいですね: 소설가 나쓰메 소세키가 'I love you'를 '달이 예쁘네요'와 같이 일본 정서에 맞게 번역한 것에서 유래.

타쿠야 목소리로 듣기

君(きみ)の声(こえ)で、
一日(いちにち)が始(はじ)まる。

키미노 코에데
이찌니찌가 하지마루

✦

너의 목소리로
하루가 시작된다.

타쿠야의 한 마디

사랑하는 사람의 목소리로 하루를 시작한다면,
그건 세상에서 가장 설레는 알람 소리일 거예요.

한 조각 따라 쓰기

» 君の声で、一日が始まる。

» 君の声で、一日が始まる。

» 君の声で、一日が始まる。

우리말과 함께 필사하기

✦ 君(きみ): 너, 그대 ✦ 始(はじ)まる: 시작되다

타 쿠 야
목소리로
듣 기

何(なに)気(げ)ない仕(し)草(ぐさ)に、
思(おも)わず胸(むね)がドキッとしてしまう。

나니게나이 시구사니
오모와즈 무네가 도킷또시떼시마우

✦

무심코 하는 너의 몸짓에
나도 모르게 가슴이 두근거려.

타쿠야의 한 마디

좋아하는 사람이 생기면,
그 사람의 무심한 손짓 하나에도
괜히 마음이 두근거려요.

한 조각 따라 쓰기

» 何気ない仕草に、思わず胸が
ドキッとしてしまう。

» 何気ない仕草に、思わず胸が
ドキッとしてしまう。

우리말과 함께 필사하기

✦ 仕草(しぐさ): 몸짓, 제스처 ✦ 思(おも)わず: 무심코 ✦ 胸(むね)がドキッとする: 가슴이 두근거리다

타쿠야
목소리로
듣기

風に乗って、
君の匂いがしたような気がした。

카제니 놋떼
키미노 니오이가시따요-나 키가시따

✦

바람을 타고
너의 향기가 느껴진 것 같았다.

타쿠야의 한 마디

그 사람의 향기가 스쳐 온 순간,
잠시나마 곁에 함께 있는 듯한 기분이 들어요.
남은 향기엔 기억과 마음이 함께 머물러 있죠.

한 조각 따라 쓰기

» 風に乗って、君の匂いがしたような気がした。

» 風に乗って、君の匂いがしたような気がした。

» 風に乗って、君の匂いがしたような気がした。

우리말과 함께 필사하기

✦ 風(かぜ)に乗(の)る: (물리적 · 비유적) 바람에 실려가다 ✦ 気(き)がする: 그런 기분이 든다

타 쿠 야
목소리로
듣 기

そっと触れた手に、
ときめきが溢れた。

솟또 후레따 테니
토키메키가 아후레따

✦

살짝 맞닿은 손끝에서
설렘이 넘쳤다.

타쿠야의 한 마디

살짝 닿은 손끝에
심장이 먼저 반응했어요.
그 짧은 떨림이 오래도록 기억에 남을 것 같아요.

한 조각 따라 쓰기

» そっと触れた手に、ときめきが溢れた。

» そっと触れた手に、ときめきが溢れた。

» そっと触れた手に、ときめきが溢れた。

우리말과 함께 필사하기

✦ 触(ふ)れる: 닿다, 언급하다 ✦ ときめき: 두근거림, 설렘 ✦ 溢(あふ)れる: 흘러넘치다

타쿠야
목소리로
듣기

一目(ひとめ)惚(ぼ)れして、
心(こころ)が奪(うば)われた。

히또메보레시떼
코코로가 우바와레따

✦

첫눈에 반해
마음을 빼앗겼다.

타쿠야의 한 마디

한눈에 마음을 빼앗긴다는 건,
순간이 만들어낸 작은 마법 같은 일이에요.
그때의 세상은 잠시 숨을 멈춘 듯 고요했어요.

한 조각 따라 쓰기

» 一目惚れして、心が奪われた。

» 一目惚れして、心が奪われた。

» 一目惚れして、心が奪われた。

우리말과 함께 필사하기

✦ **一目惚(ひとめぼ)れする**: 첫눈에 반하다 ✦ **奪(うば)う**: 빼앗다, 앗아가다

타 쿠 야
목소리로
듣 기

初恋は、
甘酸っぱい思い出。

하츠코이와
아마즙빠이 오모이데

✦

첫사랑은
달콤쌉싸름한 추억이다.

타쿠야의 한 마디

제 첫사랑은 안타깝게도 짝사랑이었어요.
왜 그 시절의 사랑은 그토록 아릿했던 걸까요?

한 조각 따라 쓰기

» 初恋は、甘酸っぱい思い出。

» 初恋は、甘酸っぱい思い出。

» 初恋は、甘酸っぱい思い出。

우리말과 함께 필사하기

✦ 初恋(はつこい): 첫사랑 ✦ 甘酸(あまず)っぱい: 달콤쌉싸름하다, 아련하다 ✦ 思(おも)い出(で): 추억

타 쿠 야
목소리로
듣 기

先輩(せんぱい)からもらった第二(だいに)ボタン。

섬빠이까라 모랏따 다이니보탕

✦

선배에게 받은 두 번째 단추.

타쿠야의 한 마디

일본에서는 졸업하는 날,
좋아하는 사람에게 교복의 두 번째 단추를 건네요.
심장 가까이에 있기에, 마음까지 전해진다는 뜻이에요.

한 조각 따라 쓰기

» 先輩からもらった第二ボタン。

» 先輩からもらった第二ボタン。

» 先輩からもらった第二ボタン。

우리말과 함께 필사하기

✦ 先輩(せんぱい): 선배 ✦ もらう: 받다 ✦ ボタン: 단추, 버튼

타쿠야
목소리로
듣기

手をつないだ瞬間、胸がキュンとした。

테오 츠나이다 슝깡
무네가 큔또시따

✦

손을 잡은 순간
가슴이 두근거렸다.

타쿠야의 한 마디

처음으로 좋아하는 사람의 손을 잡던 순간은
지금도 설렘의 잔향으로 곁에 머무르고 있어요.

한 조각 따라 쓰기

» 手をつないだ瞬間、胸がキュンとした。

» 手をつないだ瞬間、胸がキュンとした。

» 手をつないだ瞬間、胸がキュンとした。

우리말과 함께 필사하기

✦ **キュンとする**: (가슴이) 두근거리다, 설레다

타 쿠 야
목소리로
듣 기

線香花火のように、
君への想いは静かに燃えている。

셍코-하나비노요-니
키미에노 오모이와 시즈까니 모에떼이루

✦

선향 불꽃처럼
너에 대한 마음은 조용히 타오르고 있다.

타쿠야의 한 마디

선향 불꽃은 금방 사라지지만,
짧은 순간만큼은 눈부시게 타올라요.
우리만의 시간이 천천히 흐르길,
그리고 영원히 멈추길 바랐던 어린 날의 기억.

한 조각 따라 쓰기

» 線香花火のように、君への想いは静かに燃えている。

» 線香花火のように、君への想いは静かに燃えている。

우리말과 함께 필사하기

✦ 線香花火(せんこうはなび): 손에 들고 즐기는 작은 불꽃놀이 ✦ 想い(おも): 마음, 사랑의 감정

타쿠야 목소리로 듣기

陽(ひ)の光(ひかり)よりも先(さき)に、
君(きみ)への想(おも)いが僕(ぼく)の心(こころ)を照(て)らす。

히노히까리요리모 사키니
키미에노 오모이가 보꾸노 코코로오 테라스

✦

햇살보다 먼저
너를 향한 마음이 내 안을 비춘다.

타쿠야의 한 마디

아침 햇살이 닿기도 전에
당신을 향한 마음이 먼저 내 하루를 비춰요.
덕분에 행복하게 하루를 시작하게 됐어요.

한 조각 따라 쓰기

» 陽の光よりも先に、君への想いが
僕の心を照らす。

» 陽の光よりも先に、君への想いが
僕の心を照らす。

우리말과 함께 필사하기

✦ 陽の光(ひ ひかり): 햇빛, 햇살 ✦ 先に(さき): 먼저 ✦ 心を照らす(こころ て): 마음을 비추다

타 쿠 야
목소리로
듣 기

ずっと僕のそばで、
その笑顔を見せていてほしい。

즛또 보꾸노 소바데
소노 에가오오 미세떼이떼 호시이

✦

언제나 내 곁에서
그 미소를 보여 줬으면 해.

타쿠야의 한 마디

밝게 웃는 당신의 얼굴이 좋아요.
내게 미소를 보여 주세요.
그럼 세상을 다 가진 기분이 들 것 같아요.

한 조각 따라 쓰기

» ずっと僕のそばで、その笑顔を
見せていてほしい。

» ずっと僕のそばで、その笑顔を
見せていてほしい。

우리말과 함께 필사하기

✦ 僕(ぼく): (주로 남성의 1인칭 대명사) 나, 저 ✦ そば: 옆, 곁 ✦ 見(み)せる: 보여 주다

타쿠야 목소리로 듣기

相合傘(あいあいがさ)をして歩(ある)くと、
雨(あめ)まで好(す)きになりそうだ。

아이아이가사오 시떼 아루쿠또
아메마데 스끼니 나리소-다

✦

함께 우산을 쓰고 걸으면
비 마저 좋아질 것 같다.

타쿠야의 한 마디

혼자 듣는 빗소리는 왠지 꿀꿀함을 더하지만,
사랑하는 사람과 함께라면
빗소리마저 달달하게 스며들어요.

한 조각 따라 쓰기

» 相合傘をして歩くと、
雨まで好きになりそうだ。

» 相合傘をして歩くと、
雨まで好きになりそうだ。

우리말과 함께 필사하기

✦ 相合傘(あいあいがさ): 둘이서 우산을 씀 ✦ ～まで: ～까지, ～마저

타쿠야 목소리로 듣기

この空(そら)のどこかで、
君(きみ)と僕(ぼく)はつながっている。

코노 소라노 도코까데
키미또 보꾸와 츠나갓떼이루

✦

이 하늘 어딘가에서
너와 나는 이어져 있어.

타쿠야의 한 마디

멀리 있어도, 같은 하늘 아래잖아요.
그래서인지 마음은 늘 당신 곁에 머물러요.

한 조각 따라 쓰기

» この空のどこかで、君と僕はつながっている。

» この空のどこかで、君と僕はつながっている。

» この空のどこかで、君と僕はつながっている。

우리말과 함께 필사하기

✦ **どこか**: 어딘가 ✦ **つながる**: 연결되다, 이어지다

타쿠야 목소리로 듣기

あなたへの想いが胸から溢れて、言葉にできない。

아나따에노 오모이가 무네까라 아후레떼
코또바니 데끼나이

✦

**너를 향한 마음이 북받쳐 올라
말로는 표현할 수 없다.**

타쿠야의 한 마디

"사랑해"라는 말조차 부족하게 느껴질 때,
여러분은 그 벅찬 마음을 어떻게 전하시나요?

한 조각 따라 쓰기

» あなたへの想いが胸から溢れて、
言葉にできない。

» あなたへの想いが胸から溢れて、
言葉にできない。

우리말과 함께 필사하기

✦ 言葉(ことば)にできない: 말로 표현할 수 없다, 말로는 다 담기지 않는다

타쿠야 목소리로 듣기

君(きみ)と僕(ぼく)をつなぐ赤(あか)い糸(いと)。

키미또 보꾸오 츠나구 아까이이또

너와 나를 이어주는 붉은 실.

타쿠야의 한 마디

운명의 상대와 이어진 붉은 실,
보이지 않아도 분명 어딘가에서
서로를 향해 이어져 있을 거예요.

한 조각 따라 쓰기

» 君と僕をつなぐ赤い糸。

» 君と僕をつなぐ赤い糸。

» 君と僕をつなぐ赤い糸。

우리말과 함께 필사하기

✦ 赤い糸(あか いと): 붉은 실(일본에서는 운명의 짝을 나타낼 때 사용함)

타 쿠 야
목소리로
듣 기

愛(あい)を知(し)ることは、
幸福(こうふく)を知(し)ることでもあります。

아이오 시루 코또와
코-후쿠오 시루 코또데모아리마스

✦

사랑을 아는 것은
행복을 아는 것이기도 하다.

타쿠야의 한 마디

누군가를 사랑하고,
또 사랑받는 건
아름다운 선물 같은 일이에요.

한 조각 따라 쓰기

» 愛を知ることは、幸福を知ることでもあります。

» 愛を知ることは、幸福を知ることでもあります。

우리말과 함께 필사하기

✦ 愛(あい): 사랑 ✦ 幸福(こうふく): 행복 ✦ 知(し)る: 알다, 깨닫다

타 쿠 야
목소리로
듣 기

どんなに寒い冬でも、
君の腕の中にいれば暖かい。

돈나니 사무이 후유데모
키미노 우데노 나까니 이레바 아따따카이

✦

아무리 추운 겨울이어도
네 품 안에 있으면 따뜻해.

타쿠야의 한 마디

한겨울, 당신의 따스한 손길이
시린 마음 깊은 곳까지 스며들어요.
당신의 온기만으로도 충분히 따뜻한 겨울이에요.

한 조각 따라 쓰기

» どんなに寒い冬でも、
君の腕の中にいれば暖かい。

» どんなに寒い冬でも、
君の腕の中にいれば暖かい。

우리말과 함께 필사하기

✦ **どんなに ~ても**: 아무리 ~해도 ✦ **寒(さむ)い冬(ふゆ)**: 추운 겨울 ✦ **腕(うで)の中(なか)**: 품 안, 품속

타쿠야
목소리로
듣기

生まれ変わっても、
君の隣にいたい。

우마레카왓떼모
키미노 토나리니 이따이

✦

다시 태어나도
너의 곁에 있고 싶어.

타쿠야의 한 마디

같은 길을 걷고, 같은 하늘을 바라보고 싶은 사람.
그런 인연이 여러분에게 찾아오길 바라요.

한 조각 따라 쓰기

» 生まれ変わっても、君の隣にいたい。

» 生まれ変わっても、君の隣にいたい。

» 生まれ変わっても、君の隣にいたい。

우리말과 함께 필사하기

✦ 生(う)まれ変(か)わる: 다시 태어나다 ✦ 隣(となり): 옆, 곁, 이웃

타쿠야 목소리로 듣기

好きだよ。これからもずっと一緒にいてくれない？

(す) (いっしょ)

스끼다요 코레까라모 즛또
잇쇼니 이떼쿠레나이

✦

좋아해, 앞으로도 계속
함께 있어줄래?

타쿠야의 한 마디

제가 '비정상회담'에서 했던 고백 멘트예요.
여러분에게도 함께 하고 싶은
사랑하는 사람이 있나요?

한 조각 따라 쓰기

» 好きだよ。これからもずっと
一緒にいてくれない？

» 好きだよ。これからもずっと
一緒にいてくれない？

우리말과 함께 필사하기

✦ **これから**: 앞으로, 이제부터 ✦ **ずっと**: 쭉, 계속 ✦ **一緒に**(いっしょ): 함께, 같이

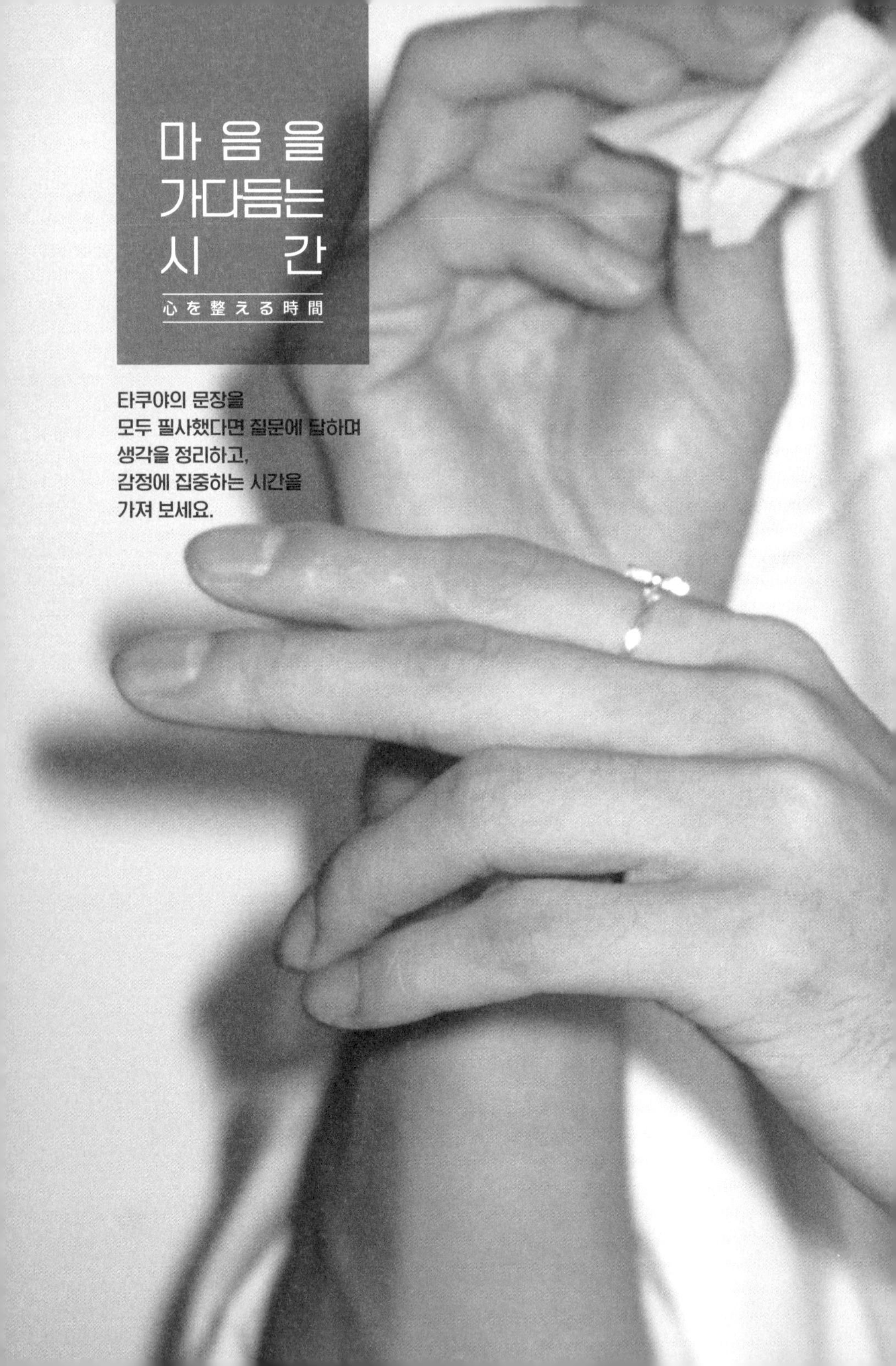

마음을 가다듬는 시간

心を整える時間

타쿠야의 문장을
모두 필사했다면 질문에 답하며
생각을 정리하고,
감정에 집중하는 시간을
가져 보세요.

✦

3장에 담긴 타쿠야의 문장 가운데 가장 마음에 남는 것은 무엇인가요?
손으로 문장을 기록해 보세요.

✦✦

누군가에게 마음이 이끌렸던 경험이 있나요?
그때 느낀 설렘을 한두 문장으로 표현해 보세요.

4장

時間の中に残る思い出

시간 속에 머무는 추억

타 쿠 야
목소리로
듣 기

消えない香りのように、
思い出は淡く残る。

키에나이 카오리노요-니
오모이데와 아와쿠 노코루

✦

사라지지 않는 향기처럼
추억은 은은하게 남는다.

타쿠야의 한 마디

추억은 눈에 보이지 않지만, 그 여운은 참 따뜻해요.
향기가 남듯 마음에 오래 스며드는 것 같아요.

한 조각 따라 쓰기

» 消えない香りのように、思い出は淡く残る。

» 消えない香りのように、思い出は淡く残る。

» 消えない香りのように、思い出は淡く残る。

우리말과 함께 필사하기

✦ 消(き)える: (불 · 빛 · 향기 등이) 꺼지다, 사라지다 ✦ 淡(あわ)い: 옅다, 은은하다

타쿠야
목소리로
듣기

色あせたレシートには、あの日の
小さな時間が優しく残っている。

이로아세따 레시-또니와 아노히노
치-사나 지깡가 야사시쿠 노콧떼이루

✦

빛바랜 영수증에는
그날의 시간이 다정히 남아 있다.

타쿠야의 한 마디

시간의 흔적이 묻은 물건 속엔
여전히 그날의 온기가 머물러 있어요.
서랍 속 구겨진 영수증 한 장이
잊고 있던 나를 다정히 불러준 것처럼요.

한 조각 따라 쓰기

» 色あせたレシートには、あの日の小さな
時間が優しく残っている。

» 色あせたレシートには、あの日の小さな
時間が優しく残っている。

우리말과 함께 필사하기

✦ 色(いろ)あせる: 색이 바래다 ✦ レシート: 영수증

타 쿠 야
목소리로
듣 기 🎧

焚(た)き火(び)の音(おと)に、
幼(おさな)い日(ひ)の母(はは)の声(こえ)が重(かさ)なった。

타키비노 오또니
오사나이 히노 하하노 코에가 가사낫따

✦

모닥불 소리에
어린 날 엄마의 목소리가 겹쳐졌다.

타쿠야의 한 마디

타닥타닥 타는 모닥불 소리에
어린 시절의 추억이 살며시 깨어나요.
그때 엄마의 목소리도 이 불빛처럼 따뜻했어요.

한 조각 따라 쓰기

» 焚き火の音に、幼い日の母の声が重なった。

» 焚き火の音に、幼い日の母の声が重なった。

» 焚き火の音に、幼い日の母の声が重なった。

우리말과 함께 필사하기

✦ 音(おと): 소리 ✦ 幼い日(おさないひ): 어린 날 ✦ 重なる(かさなる): 겹치다, 포개지다

타 쿠 야
목소리로
듣 기

一(ひと)口(くち)のお味(み)噌(そ)汁(しる)が、
母(はは)の温(あたた)かな手(て)料(りょう)理(り)を思(おも)い出(だ)させる。

히또쿠치노 오미소시루가
하하노 아따따카나 테료-리오 오모이다사세루

✦

한 모금의 미소시루가
엄마의 따뜻한 손맛을 떠올리게 한다.

타쿠야의 한 마디

'미소시루' 한 모금에 엄마의 손맛이 떠올라요.
그 누구도 흉내 낼 수 없는,
세상에서 가장 따뜻한 맛이에요.

한 조각 따라 쓰기

» 一口のお味噌汁が、母の温かな手料理を
思い出させる。

» 一口のお味噌汁が、母の温かな手料理を
思い出させる。

우리말과 함께 필사하기

✦ 味噌汁(みそしる): 일본식 된장국 ✦ 手料理(てりょうり): 손수 만든 요리 ✦ 思い出させる(おもいださせる): 떠오르게 하다

타쿠야 목소리로 듣기

ほこり被ったアルバムの中に、あの日の記憶が今も生きている。

호코리 가붓따 아루바무노 나까니
아노히노 키오쿠가 이마모 이키떼이루

✦

먼지 쌓인 앨범 속에
그날의 기억이 아직도 살아 있다.

타쿠야의 한 마디

가끔 오래된 앨범 속 사진을 들여다보면,
빛바랜 순간들이 되살아나 파노라마처럼 펼쳐져요.
당신의 오늘 하루도 언젠가 따뜻한 추억으로 다시 찾아오길.

한 조각 따라 쓰기

» ほこり被ったアルバムの中に、あの日の記憶が今も生きている。

» ほこり被ったアルバムの中に、あの日の記憶が今も生きている。

우리말과 함께 필사하기

✦ ほこり被(かぶ)る: 먼지가 쌓이다 ✦ 記憶(きおく): 기억 ✦ 生(い)きる: 살다, 살아가다

타쿠야 목소리로 듣기

目を閉じると浮かぶ、
いつかの風景。

메오 토지루또 우카부
이츠까노 후-케-

✦

눈을 감으면 떠오르는
언젠가의 풍경

타쿠야의 한 마디

학창 시절 마지막 야구 경기가 떠올라요.
비어 있는 벤치와 텅 빈 그라운드를 바라보며,
아쉬움에 친구들과 함께 훔쳤던 눈물이 아직도 선명해요.

한 조각 따라 쓰기

» 目を閉じると浮かぶ、いつかの風景。

» 目を閉じると浮かぶ、いつかの風景。

» 目を閉じると浮かぶ、いつかの風景。

우리말과 함께 필사하기

✦ 目(め)を閉(と)じる: 눈을 감다, 생각에 잠기다 ✦ いつか: 언젠가 ✦ 風景(ふうけい): 풍경

타 쿠 야
목소리로
듣 기

時を越えて、
あの時の感覚がそっとよみがえる。

토키오 코에떼
아노토키노 강카쿠가 솟또 요미가에루

✦

시간을 넘어
그때의 느낌이 조용히 되살아난다.

타쿠야의 한 마디

시간은 흘렀지만, 여전히 그날을 기억해요.
다시 피어난 그때의 공기와 감정이
잠든 추억을 다정히 흔들어 깨우네요.

한 조각 따라 쓰기

» 時を越えて、あの時の感覚がそっと
よみがえる。

» 時を越えて、あの時の感覚がそっと
よみがえる。

우리말과 함께 필사하기

✦ **時を超える**(とき, こ): 시간을 넘다 ✦ **感覚**(かんかく): 감각, 느낌 ✦ **よみがえる**: (기억 · 장면이) 되살아나다

타쿠야 목소리로 듣기

しわの数(かず)だけ、
笑(わら)った日々(ひび)が胸(むね)に刻(きざ)まれている。

시와노 카즈다께
와랏따 히비가 무네니 키자마레떼이루

✦

주름의 수만큼
웃었던 날들이 가슴에 새겨져 있다.

타쿠야의 한 마디

사람의 주름은 세월의 흔적이지만,
그만큼 많이 웃고 행복하게 살아온
시간들이 남겨준 선물 같아요.

한 조각 따라 쓰기

» しわの数だけ、笑った日々が胸に
刻まれている。

» しわの数だけ、笑った日々が胸に
刻まれている。

우리말과 함께 필사하기

✦ しわ: 주름　✦ 笑(わら)う: 웃다　✦ 胸(むね)に刻(きざ)まれる: 가슴에 새겨지다

타쿠야 목소리로 듣기

茨城(いばらき)に帰(かえ)ると、
懐(なつ)かしさが胸(むね)に広(ひろ)がる。

이바라키니 카에루또
나츠카시사가 무네니 히로가루

✦

이바라키에 돌아가면
향수가 밀려온다.

타쿠야의 한 마디

고향 '이바라키'의 논길을 걷다 보면,
세월 속에 묻혀 있던 기억들이
하나둘 마음에 피어나요.

한 조각 따라 쓰기

» 茨城に帰ると、懐かしさが胸に広がる。

» 茨城に帰ると、懐かしさが胸に広がる。

» 茨城に帰ると、懐かしさが胸に広がる。

우리말과 함께 필사하기

✦ 帰(かえ)る: 돌아가다, 귀가하다　✦ 懐(なつ)かしさ: 그리움, 아련함　✦ 胸(むね)に広(ひろ)がる: 가슴속에 퍼지다

타쿠야
목소리로
듣기

時が流れても、
色あせない僕の故郷。

토키가 나가레떼모
이로아세나이 보꾸노 후루사또

✦

세월이 흘러도
빛바래지 않는 나의 고향.

타쿠야의 한 마디

멀리 떠나왔어도,
시간이 흘러도,
마음이 머무는 그곳, 이바라키.

한 조각 따라 쓰기

» 時が流れても、色あせない僕の故郷。

» 時が流れても、色あせない僕の故郷。

» 時が流れても、色あせない僕の故郷。

우리말과 함께 필사하기

✦ 時(とき)が流(なが)れる: 시간이 흐르다 ✦ 故郷(ふるさと): 고향, 돌아가고 싶은 곳

타쿠야 목소리로 듣기

思(おも)い出(で)話(ばなし)に、
花(はな)を咲(さ)かせる。

오모이데바나시니
하나오 사까세루

✦

추억 이야기에
꽃이 핀다.

타쿠야의 한 마디

고향 친구들과 옛 추억을 꺼내는 순간
그때 그 시절의 우리가 깨어나요.
밝고 순수하고, 때론 짓궂었던 시간으로요.

한 조각 따라 쓰기

» 思い出話に、花を咲かせる。

» 思い出話に、花を咲かせる。

» 思い出話に、花を咲かせる。

우리말과 함께 필사하기

✦ 思い出話(おもいでばなし): 추억 이야기 ✦ 花を咲かせる(はなをさかせる): 꽃을 피우다, 이야기가 활기를 띠다

타 쿠 야
목소리로
듣 기

耳(みみ)に残(のこ)る、
遠(とお)い日(ひ)の笑(わら)い声(ごえ)。

미미니 노코루
토오이 히노 와라이고에

✦

귓가에 남은
머나먼 그날의 웃음소리.

타쿠야의 한 마디

한국에 놀러 온 가족들과
처음으로 함께 가족사진을 찍었어요.
그날의 웃음소리가
아직도 마음 어딘가에서 잔잔히 울려요.

한 조각 따라 쓰기

» 耳に残る、遠い日の笑い声。

» 耳に残る、遠い日の笑い声。

» 耳に残る、遠い日の笑い声。

우리말과 함께 필사하기

✦ 耳(みみ)に残(のこ)る: 귓가에 맴돌다 ✦ 遠(とお)い: 멀다 ✦ 笑(わら)い声(ごえ): 웃음소리

타 쿠 야
목소리로
듣 기

風鈴(ふうりん)の音(おと)のように、
記憶(きおく)は凛(りん)と響(ひび)く。

후-린노 오또노요-니
키오쿠와 린또 히비쿠

✦

풍령 소리처럼
기억은 또렷하게 울려 퍼진다.

타쿠야의 한 마디

풍령 소리는 어린 시절의 여름 같아요.
맑고 청량한 울림이 오늘따라 유난히 그립게 느껴지네요.

한 조각 따라 쓰기

» 風鈴の音のように、記憶は凛と響く。

» 風鈴の音のように、記憶は凛と響く。

» 風鈴の音のように、記憶は凛と響く。

우리말과 함께 필사하기

✦ 風鈴(ふうりん): 풍령(처마 끝에 다는 작은 종)　✦ 響(ひび)く: 울리다, 퍼지다, 마음에 와닿다

타 쿠 야
목소리로
듣 기

忘れたくない瞬間を目に焼き付け、
胸の奥にしまう。

와스레타꾸나이 슝깡오 메니 야키츠케
무네노 오쿠니 시마우

✦

잊고 싶지 않은 순간을 눈에 새기고
가슴 깊이 간직한다.

타쿠야의 한 마디

마음 깊이 간직한 소중한 순간들은,
나를 살아가게 해 주는 작은 빛이 돼요.
이 글을 쓰는 지금도 오래 기억될 것 같아요.

한 조각 따라 쓰기

» 忘れたくない瞬間を目に焼き付け、
胸の奥にしまう。

» 忘れたくない瞬間を目に焼き付け、
胸の奥にしまう。

우리말과 함께 필사하기

✦ 忘(わす)れる: 잊다　✦ 目(め)に焼(や)き付(つ)ける: 눈에 깊이 새기다　✦ しまう: 넣어 두다, 간직하다

타쿠야 목소리로 듣기

記憶は夜空の星のように、
消えずにひらめく。

키오쿠와 요조라노 호시노요-니
키에즈니 히라메쿠

✦

**기억은 밤하늘의 별처럼
사라지지 않고 빛난다.**

타쿠야의 한 마디

밤하늘의 별을 보면, 당신과의 추억이 떠올라요.
오늘은 유독 별빛이 더 반짝이네요.
오래도록 사라지지 않고 빛나면 좋겠어요.

한 조각 따라 쓰기

» 記憶は夜空の星のように、
消えずにひらめく。

» 記憶は夜空の星のように、
消えずにひらめく。

우리말과 함께 필사하기

✦ ひらめく: 반짝이다, 빛나다

타 쿠 야
목소리로
듣 기

公園のブランコに座ると、
心は幼い日の自分に戻る。

코-엔노 부랑코니 스와루또
코코로와 오사나이 히노 지분니 모도루

✦

공원 그네에 앉아 있으면
마음은 어린 시절의 나로 돌아간다.

타쿠야의 한 마디

그네는 어릴 적 순수했던 마음의 상징 같아요.
바람을 가르며 높이 올라갈 때면
세상을 다 가진 듯한 기분이었어요.

한 조각 따라 쓰기

» 公園のブランコに座ると、
心は幼い日の自分に戻る。

» 公園のブランコに座ると、
心は幼い日の自分に戻る。

우리말과 함께 필사하기

✦ ブランコ: 그네 ✦ 戻(もど)る: 돌아가다, 되돌아가다

타 쿠 야
목소리로
듣 기

海の波音が、
遠い日の夏の記憶を呼び起こす。

우미노 나미오또가
토오이 히노 나쯔노 키오쿠오 요비오코스

✦

바다의 파도 소리가
지난 여름날의 추억을 불러온다.

타쿠야의 한 마디

파도 소리는, 여름날 '오오아라이' 해변에서의 추억으로 데려가요.
무엇과도 바꿀 수 없는 어린 날의 시간이
아직도 마음속에서 잔잔하게 출렁이네요.

한 조각 따라 쓰기

» 海の波音が、遠い日の夏の記憶を
呼び起こす。

» 海の波音が、遠い日の夏の記憶を
呼び起こす。

우리말과 함께 필사하기

✦ 波音(なみおと): 파도 소리　✦ 呼び起こす(よびおこす): 불러일으키다, 되살리다

타쿠야 목소리로 듣기

木(き)の年輪(ねんりん)の流(なが)れのように、大切(たいせつ)な瞬間(しゅんかん)が心(こころ)に刻(きざ)まれる。

키노 넨린노 나가레노요-니
타이세쯔나 슝깡가 코코로니 키자마레루

✦

나무의 나이테 속 결처럼
소중한 순간이 마음에 새겨진다.

타쿠야의 한 마디

나무가 해마다 자라며 흔적을 남기듯,
우리의 삶도 작은 순간들이 쌓여
마음속에 조용히 나이테를 새겨요.

한 조각 따라 쓰기

» 木の年輪の流れのように、大切な瞬間が
心に刻まれる。

» 木の年輪の流れのように、大切な瞬間が
心に刻まれる。

우리말과 함께 필사하기

✦ 木の年輪(き ねんりん): 나무의 나이테 ✦ 大切だ(たいせつ): 소중하다, 중요하다

타 쿠 야
목소리로
듣 기

思(おも)い出(で)は、
川(かわ)みたい。

오모이데와
카와미따이

✦

추억은
마치 강과 같다.

타쿠야의 한 마디

추억은 강물처럼 흘러가지만,
마음속의 이야기는 결코 가라앉지 않아요.

한 조각 따라 쓰기

» 思い出は、川みたい。

» 思い出は、川みたい。

» 思い出は、川みたい。

우리말과 함께 필사하기

✦ 川(かわ): 강

타 쿠 야
목소리로
듣 기

ふと見上(みあ)げた雲(くも)の形(かたち)に、
あの日(ひ)の夢(ゆめ)や希望(きぼう)が映(うつ)る。

후토 미아게따 쿠모노 카타치니
아노 히노 유메야 키보–가 우츠루

✦

문득 올려다본 구름 속에
그날의 꿈과 희망이 비친다.

타쿠야의 한 마디

고개를 들어 바라본 하늘이
어린 시절 눈에 담았던 풍경과 닮아 있었어요.
그때 본 구름처럼 내 마음의 순수함도
조용히 그리고 오래 머물렀으면 해요.

한 조각 따라 쓰기

» ふと見上げた雲の形に、あの日の夢や
希望が映る。

» ふと見上げた雲の形に、あの日の夢や
希望が映る。

우리말과 함께 필사하기

✦ 見上(みあ)げる: 올려다보다 ✦ 雲(くも): 구름 ✦ 映(うつ)る: 비치다, 담기다

마음을 가다듬는 시간

心を整える時間

타쿠야의 문장을
모두 필사했다면 질문에 답하며
생각을 정리하고,
감정에 집중하는 시간을
가져 보세요.

✦

4장에 담긴 타쿠야의 문장 가운데 가장 마음에 남는 것은 무엇인가요?
손으로 문장을 기록해 보세요.

✦✦

시간이 흘러도 자꾸 떠오르는 소중한 추억이 있나요?
그 기억이 당신에게 어떤 의미인지 간단하게 소개해 주세요.

5장

心をなでる言葉

마음을 다독이는 말

타쿠야 목소리로 듣기

泣(な)きたいときは、泣(な)いてもいいんだよ。

나키따이토키와
나이떼모 이-인다요

울고 싶을 때는
울어도 괜찮아.

타쿠야의 한 마디

눈물이 날 땐, 마음껏 울어 보세요.
참아내느라 무거워진 마음도
울고 나면 훨씬 가벼워질 거예요.

한 조각 따라 쓰기

» 泣きたいときは、泣いてもいいんだよ。

» 泣きたいときは、泣いてもいいんだよ。

» 泣きたいときは、泣いてもいいんだよ。

우리말과 함께 필사하기

✦ 泣く(な): 울다

타 쿠 야
목소리로
듣 기

止(や)まない雨(あめ)はない。

야마나이 아메와 나이

✦

그치지 않는 비는 없다.

타쿠야의 한 마디

끝없이 내리는 비는 없어요.
지금의 슬픔도 언젠가 그칠 거예요.
그리고 비가 그친 뒤엔 더 맑은 하늘이
당신을 기다리고 있을 거라 믿어요.

한 조각 따라 쓰기

» 止まない雨はない。

» 止まない雨はない。

» 止まない雨はない。

우리말과 함께 필사하기

✦ 止(や)む: (비 · 바람 · 울음 등이) 그치다, 멈추다

타쿠야 목소리로 듣기

秋の夕暮れ、
夕焼けがそっと悲しみを抱きしめる。

아키노 유-구레
유-야케가 솟또 카나시미오 다키시메루

✦

가을 저물녘
붉게 물든 노을이 살며시 슬픔을 안아 준다.

타쿠야의 한 마디

붉게 물든 저녁노을의 포근한 빛이,
고단했던 하루를 조용히 감싸줘요.
그 빛 아래에서 마음도 잠시 쉬어가요.

한 조각 따라 쓰기

» 秋の夕暮れ、夕焼けがそっと悲しみを
抱きしめる。

» 秋の夕暮れ、夕焼けがそっと悲しみを
抱きしめる。

우리말과 함께 필사하기

✦ 夕暮れ(ゆうぐれ): 해 질 무렵 ✦ 夕焼け(ゆうやけ): 저녁노을 ✦ 悲しみを抱きしめる(かなしみをだきしめる): 슬픔을 끌어안다

타쿠야 목소리로 듣기

夜明けのひんやりした空気に、
今日の悩みもじんわり溶けていく。

요아케노 힌야리시따 쿠--키니
쿄--노 나야미모 징와리 토케떼이쿠

✦

차가운 새벽 공기 속에서
오늘의 고민도 사르르 녹아간다.

타쿠야의 한 마디

코끝을 스치는 새벽의 차가운 공기가
머릿속 복잡한 생각들을
조용히 공기 속으로 흩어지게 해요.

한 조각 따라 쓰기

» 夜明けのひんやりした空気に、
今日の悩みもじんわり溶けていく。

» 夜明けのひんやりした空気に、
今日の悩みもじんわり溶けていく。

우리말과 함께 필사하기

✦ 夜明け(よあけ): 새벽 ✦ ひんやりした空気(くうき): 차가운 공기 ✦ じんわり: 서서히, 잔잔히

타쿠야 목소리로 듣기

だい じょう ぶ
大丈夫。
きみ ひとり
君は一人じゃない。

다이죠-부
키미와 히토리쟈나이

괜찮아.
너는 혼자가 아니야.

타쿠야의 한 마디

지치고 힘들 땐 잠시 걸음을 멈춰 보세요.
당신을 안아 줄 손은
생각보다 가까이에 있어요.

한 조각 따라 쓰기

» 大丈夫。君は一人じゃない。

» 大丈夫。君は一人じゃない。

» 大丈夫。君は一人じゃない。

우리말과 함께 필사하기

✦ 大丈夫(だいじょうぶ)だ: 괜찮다, 문제없다 ✦ 一人(ひとり): 한 사람, 혼자

타쿠야 목소리로 듣기

雨音(あまおと)が、
少(すこ)し寂(さび)しさをやわらげた。

아마오또가
스꼬시 사미시사오 야와라게따

✦

빗소리가
쓸쓸함을 조금 달래 주었다.

타쿠야의 한 마디

빗소리에는 묘한 위로의 힘이 숨어 있는 것 같아요.
'괜찮아' 하고 텅 빈 마음을 채워 주기도 하니까요.

한 조각 따라 쓰기

» 雨音が、少し寂しさをやわらげた。

» 雨音が、少し寂しさをやわらげた。

» 雨音が、少し寂しさをやわらげた。

우리말과 함께 필사하기

✦ 雨音(あまおと): 빗소리　✦ 寂しさ(さび): 쓸쓸함, 외로움　✦ やわらげる: 누그러뜨리다, 완화하다

타쿠야 목소리로 듣기

冬の静けさも、
春を迎えるための休息。

후유노 시즈케사모
하루오 무까에루타메노 큐-소쿠

✦

겨울의 고요함도
봄을 맞이하기 위한 휴식이다.

타쿠야의 한 마디

고요한 겨울잠은 봄을 깨우기 위한 긴 '쉼'이에요.
따뜻한 봄을 맞이하려면
잠시 멈춰 보는 연습도 필요하지 않을까요?

한 조각 따라 쓰기

» 冬の静けさも、春を迎えるための休息。

» 冬の静けさも、春を迎えるための休息。

» 冬の静けさも、春を迎えるための休息。

우리말과 함께 필사하기

✦ 静(しず)けさ: 고요함, 적막 ✦ 迎(むか)える: 맞이하다 ✦ 休息(きゅうそく): 휴식

타 쿠 야
목소리로
듣 기

今(いま)の頑張(がんば)りは、やがてあなたを
支(ささ)える力(ちから)のひとつとなる。

이마노 감바리와 야가테 아나따오
사사에루 치카라노 히토츠토나루

✦

지금의 노력은
머지않아 당신을 지탱하는 하나의 힘이 된다.

타쿠야의 한 마디

조금 느려도 괜찮아요.
하나씩 쌓아가는 지금의 시간이
당신을 더 단단하게 만들어 줄 거예요.

한 조각 따라 쓰기

» 今の頑張りは、やがてあなたを
支える力のひとつとなる。

» 今の頑張りは、やがてあなたを
支える力のひとつとなる。

우리말과 함께 필사하기

✦ 頑張り(がんば)り: 노력 ✦ やがて: 머지않아, 결국 ✦ 支(ささ)える力(ちから): 지탱하는 힘

타 쿠 야
목소리로
듣 기

小(ちい)さな一歩(いっぽ)も、
大(おお)きな進歩(しんぽ)。

치-사나 입뽀모
오-키나 심뽀

✦

작은 한 걸음도
큰 전진이다.

타쿠야의 한 마디

작은 걸음이라도 좋아요.
한 걸음, 또 한 걸음이 쌓여가
언젠가 큰 변화로 이어지니까요.

한 조각 따라 쓰기

» 小さな一歩も、大きな進歩。

» 小さな一歩も、大きな進歩。

» 小さな一歩も、大きな進歩。

우리말과 함께 필사하기

✦ 一歩(いっぽ): 한 걸음 ✦ 大(おお)きな進歩(しんぽ): 큰 진전, 눈에 띄는 발전

타쿠야 목소리로 듣기

失敗(しっぱい)しても、
それは次(つぎ)への道(みち)しるべ。

십빠이시떼모
소레와 츠키에노 미찌시루베

✦

실패해도
그것은 다음으로 가는 이정표다.

타쿠야의 한 마디

실패는 끝이 아니에요.
새로운 문턱에서 잠시 멈췄을 뿐인 거죠.
더욱 단단해질 당신을 믿고 걸어가 봐요.

한 조각 따라 쓰기

» 失敗しても、それは次への道しるべ。

» 失敗しても、それは次への道しるべ。

» 失敗しても、それは次への道しるべ。

우리말과 함께 필사하기

✦ 失敗(しっぱい)する: 실패하다 ✦ 道(みち)しるべ: 이정표, 길잡이

타쿠야 목소리로 듣기

人生という白いキャンバスに、
自分の色を描く。

진세-또이우 시로이 캼바스니
지분노 이로오 에가쿠

✦

인생이라는 하얀 캔버스에
나만의 색을 그린다.

타쿠야의 한 마디

인생이라는 하얀 캔버스 위에
조심스럽게 나만의 색을 그려 보세요.
오직 당신만이 그릴 수 있는
'당신'이라는 그림이 있으니까.

한 조각 따라 쓰기

» 人生という白いキャンバスに、
自分の色を描く。

» 人生という白いキャンバスに、
自分の色を描く。

우리말과 함께 필사하기

✦ 人生(じんせい): 인생 ✦ 白(しろ)い: 하얗다 ✦ 描(えが)く: (그림 · 감정 등을) 그리다

타쿠야
목소리로
듣기

行く道は険しい道なり、
されど男なら歩むべし。

이쿠 미찌와 케와시- 미찌나리
사레도 오또코나라 아유무베시

✦

가야 할 길은 험해도
남자라면 묵묵히 걸어야 한다.

타쿠야의 한 마디

학창 시절 야구부 감독님이 해 주신 이 한마디가
마음 깊은 곳에 새겨져 있어요.
지금도 힘들 때면 그 목소리를 떠올리며
다시 일어섭니다.

한 조각 따라 쓰기

» 行く道は険しい道なり、されど
男なら歩むべし。

» 行く道は険しい道なり、されど
男なら歩むべし。

우리말과 함께 필사하기

✦ 険しい(けわしい): 인생　✦ 男(おとこ): 남자　✦ 歩む(あゆむ): (길 · 인생 등을) 걸어가다

타 쿠 야
목소리로
듣 기

どんなに暗(くら)い夜(よる)も、
必(かなら)ず朝(あさ)はやってくる。

돈나니 쿠라이 요루모
카나라즈 아사와 얏떼 쿠루

✦

아무리 어두운 밤이라도
반드시 아침은 찾아온다.

타쿠야의 한 마디

유난히 어둡고 긴 하루를 보낸 당신에게
건네주고 싶은 말이에요.
힘내요! 밝은 빛이 조금씩 다가오고 있어요!

한 조각 따라 쓰기

» どんなに暗い夜も、必ず朝はやってくる。

» どんなに暗い夜も、必ず朝はやってくる。

» どんなに暗い夜も、必ず朝はやってくる。

우리말과 함께 필사하기

✦ 暗(くら)い: 어둡다 ✦ 必(かなら)ず: 반드시, 틀림없이 ✦ 朝(あさ): 아침

타 쿠 야
목소리로
듣 기

涙(なみだ)の後(あと)には、
虹(にじ)が出(で)る。

나미다노 아또니와
니지가 데루

✦

눈물 뒤에는
무지개가 뜬다.

타쿠야의 한 마디

하루가 뜻대로 되지 않아 마음이 울적했나요?
내일 하늘엔 분명
예쁜 무지개가 기다리고 있을 거예요.

한 조각 따라 쓰기

» 涙の後には、虹が出る。

» 涙の後には、虹が出る。

» 涙の後には、虹が出る。

우리말과 함께 필사하기

✦ 虹(にじ)が出(で)る: 무지개가 뜨다

타쿠야 목소리로 듣기

雨(あめ)が降(ふ)るから、
花(はな)は美(うつく)しく咲(さ)く。

아메가 후루까라
하나와 우츠쿠시쿠 사쿠

✦

비가 내리기에
꽃은 아름답게 핀다.

타쿠야의 한 마디

비가 내리지 않으면 꽃은 피어날 수 없듯,
지금 겪는 일도 웃음꽃을 피우기 위한
자연스러운 과정이 아닐까요?

한 조각 따라 쓰기

» 雨が降るから、花は美しく咲く。

» 雨が降るから、花は美しく咲く。

» 雨が降るから、花は美しく咲く。

우리말과 함께 필사하기

✦ 雨(あめ)が降(ふ)る: 비가 내리다 ✦ 美(うつく)しい: 아름답다

타쿠야 목소리로 듣기

笑顔(えがお)は、希望(きぼう)の種(たね)になる。

에가오와
키보-노 타네니나루

✦

웃음은
희망의 씨앗이 된다.

타쿠야의 한 마디

이 페이지를 펼쳤을 때만큼은
당신의 웃는 얼굴을 보고 싶어요.
사소한 긍정의 힘은 희망이 되고,
행복으로 피어날 거라 믿어요.

한 조각 따라 쓰기

» 笑顔は、希望の種になる。

» 笑顔は、希望の種になる。

» 笑顔は、希望の種になる。

우리말과 함께 필사하기

✦ 希望(きぼう): 희망 ✦ 種(たね): 씨앗

타쿠야 목소리로 듣기

小(ちい)さな喜(よろこ)びを集(あつ)めれば、心(こころ)に幸(しあわ)せがゆっくりと積(つ)もる。

치-사나 요로코비오 아츠메레바
코코로니 시아와세가 육쿠리또 츠모루

✦

작은 기쁨을 모으면
마음에 행복이 서서히 쌓인다.

타쿠야의 한 마디

일상의 작은 기쁨들을 소중히 모아 두세요.
차곡차곡 쌓인 기쁨의 조각들이
머지않아 더 큰 행복으로 바뀔지 몰라요.

한 조각 따라 쓰기

» 小さな喜びを集めれば、心に幸せが
ゆっくりと積もろ。

» 小さな喜びを集めれば、心に幸せが
ゆっくりと積もろ。

우리말과 함께 필사하기

✦ 喜び(よろこ): 기쁨 ✦ 集める(あつ): 모으다 ✦ ゆっくり: 천천히, 서서히

타 쿠 야
목소리로
듣 기

悲しみも、
人生を深くするスパイス。

카나시미모
진세-오 후카쿠스루 스파이스

✦

슬픔 마저도
인생을 깊게 만드는 향신료다.

타쿠야의 한 마디

아픔과 슬픔도 인생의 재료 중 하나예요.
그것들이 어우러져야 비로소
내 삶도 깊고 풍요로워지니까요.

한 조각 따라 쓰기

» 悲しみも、人生を深くするスパイス。

» 悲しみも、人生を深くするスパイス。

» 悲しみも、人生を深くするスパイス。

우리말과 함께 필사하기

✦ 深(ふか)い: (물리적 · 감정적) 깊다 ✦ スパイス: 향신료, 활력

타쿠야 목소리로 듣기

毎日(まいにち)を楽(たの)しむことが、
幸福(こうふく)への近道(ちかみち)。

마이니찌오 타노시무 코또가
코-후쿠에노 치카미찌

✦

매일을 즐기는 것이
행복으로 가는 가장 빠른 길이다.

타쿠야의 한 마디

인생은 단 한 번뿐인 기회예요.
오늘 하루를 즐길 수 있는 마음이
행복으로 향하는 가장 빠른 길인 것 같아요.

한 조각 따라 쓰기

» 毎日を楽しむことが、幸福への近道。

» 毎日を楽しむことが、幸福への近道。

» 毎日を楽しむことが、幸福への近道。

우리말과 함께 필사하기

✦ 毎日(まいにち): 매일 ✦ 楽(たの)しむ: 즐기다 ✦ 近道(ちかみち): 지름길, 가까운 길

타쿠야 목소리로 듣기

季節(きせつ)がめぐるように、心(こころ)も変(か)わり続(つづ)けていい。

키세츠가 메구루요-니
코코로모 카와리츠즈케떼 이-

✦

계절이 돌고 도는 것처럼
마음도 변해가도 괜찮다.

타쿠야의 한 마디

마음의 변화는 계절의 흐름처럼 자연스러워요.
변화에 몸을 맡기고,
스스로의 온도를 느껴 보세요.

한 조각 따라 쓰기

» 季節がめぐるように、
心も変わり続けていい。

» 季節がめぐるように、
心も変わり続けていい。

우리말과 함께 필사하기

✦ 季節(きせつ)がめぐる: 계절이 돌다 ✦ 変(か)わり続(つづ)ける: 계속 변하다, 변해가다

마음을 가다듬는 시간

心を整える時間

타쿠야의 문장을
모두 필사했다면 질문에 답하며
생각을 정리하고,
감정에 집중하는 시간을
가져 보세요.

✦

5장에 담긴 타쿠야의 문장 가운데 가장 마음에 남는 것은 무엇인가요?
손으로 문장을 기록해 보세요.

✦✦

자신에게 해 주고 싶은 위로의 말은 무엇인가요?
그 말은 어떤 것인지, 당신에게 어떤 힘이 되는지 들려 주세요.

편집자의 말

한 권의 책이 세상 바깥으로 나오기까지, 편집자의 책상 위에는 수많은 메모와 질문이 쌓입니다. 이번 책 역시 예외는 아니었습니다. 고민의 과정은 결코 순탄치 않았지만, 흔들릴 때마다 마음속으로 한 가지 바람을 되뇌었습니다.

'누군가의 하루에 아주 작은 온기가 되었으면…'

이렇듯 단순하고도 작은 제 바람으로부터 이 책은 조금씩 자라나기 시작했습니다. 얼굴도 모르는 누군가에게 온기가 되고 싶다는 것은 오만한 생각일지도 모릅니다. 그럼에도 책에 따스함을 불어넣어 독자분들에게 닿고 싶었습니다. 하루에도 수십 권씩 쏟아져 나오는 필사집 사이에서, 또 다른 속도와 호흡으로 '쉼'을 건넬 수 있기를요.

타쿠야 저자와의 첫 만남은 놀라움과 의외의 연속이었습니다. 그는 생각보다 키가 훨씬 컸고, 겸손했으며 담백한 사람이었습니다. 스스로를 꾸미고 포장하는 것이 아닌, 담담하고 진솔한 어조로 책에 관한 생각과 의견을 가감 없이 전달해 주던 모습에, 방송에서 보던 화려한 이미지 이면의 진짜 '인간 타쿠야'를 알게 된 것 같아 기뻤습니다. 아직 공개되지 않은 타쿠야의 비밀 서랍장을 먼저 열어본 느낌이라고 할까요. 그의 말 속에서 책과 활자에 대한 애정을 엿볼 수 있었습니다. 그리고 생각했습니다.

'타쿠야가 지닌 감성이라면, 이 필사집과 주파수가 맞겠구나!'

'오랜 시간 품어온 감정과 생각을 여러분과 나누고 싶다'라는 타쿠야 저자의 바람처럼, 원고에는 독자를 향한 그의 섬세하고도 따스한 말들이 고스란히 담겨 있었습니다. 글의 결을 맞추고, 리듬을 다듬으며 타쿠야의 문장이 담긴 페이지에 숨을 불어넣을 때마다, 이 책이 조금씩 생명을 얻는 것 같아 묘한 설렘이 찾아왔습니다. 편집자의 시간은 늘 고단함이 따라오지만, 이 맛에 계속해서 책을 만드는 것이 아닐까 싶습니다.

'다정함의 조각들'에는 타쿠야가 전하는 잔잔한 온기의 말이 가득합니다. 이 책의 숨결이, 독자분들께 온전히 전달되기를 진심으로 바랍니다. 온기가 필요한 순간마다 이곳에 찾아와 주시고, 머물러 주시면 좋겠습니다.

— 독자님의 글씨로 이 필사집이 가득 채워지길 바라며

잠시 머물고 싶은 날엔
다시 찾아와 주세요

당신의 하루가
조금 더 따뜻했기를

다정함의 조각들 やさしさのかけら
타쿠야 감성 필사집

초판1쇄 발행 2026년 2월 10일

지은이 테라다 타쿠야

펴낸이 박영일
기획 · 편집 이동준
표지디자인 김지수
내지디자인 임아람 · 김휘주

펴낸곳 (주)시대고시기획 · 시대교육
출판등록 제 10-1521호
주소 서울시 마포구 큰우물로 75(도화동 538) 성지B/D 9층
전화 1600-3600
팩스 02-701-8823

ISBN 979-11-434-0353-7 (13730)
정가 18,000원

후루룩 외국어